Sabine Tiemer / Axel Wolber

Kater Knigge

Das Benimm-Bilderheft für Kinder

HERDER
FREIBURG · BASEL · WIEN

Sabine Tiemer studierte an der Kieler Muthesius-Schule und an der Berliner Hochschule der Künste Grafik-Design mit Abschluss bei Professor Spohn. Heute arbeitet sie als freischaffende Grafikerin und Illustratorin in Teltow bei Berlin.

Axel Wolber war Bildungsreferent in einem Jugendverband und Grundschulredakteur in einem Schulbuchverlag. Heute arbeitet er als Lektor für Frühpädagogik in Freiburg.

Gedruckt auf umweltfreundlichem, chlorfrei gebleichtem Papier
Umschlaggestaltung: R•M•E Roland Eschlbeck / Rosemarie Kreuzer
Umschlag- und Textillustrationen: Sabine Tiemer, Teltow

www.herder.de
Druck und Bindung: fgb • freiburger graphische Betriebe 2007
www.fgb.de

ISBN: 978-3-451-32091-0

Hallo Kinder,
ich bin der Kater Knigge
und zeige
Euch, wie's
besser
geht ...

Wer andere nicht grüßt,
wird auch nicht gegrüßt.

1

Wer nicht anklopft,
kann böse Überraschungen erleben.

2

Wer sich etwas nimmt, ohne zu fragen,
riskiert leicht Ärger.

3

Darf ich bitte ein Hühnerbein nehmen?

**Wer sich für Geschenke nicht bedankt,
bekommt bald keine mehr.**

Vielen
Dank!

Wer etwas nicht verstanden hat, weiß mehr, wenn er nachfragt.

im Kühlschrank
ist noch
Fisch
wie
bitte?

**Wer immer dazwischenredet,
versteht nicht, was der andere sagt.**

Als letzte
Woche
in der
Schule ...

Wer anderen nicht zuhört,
verpasst die Neuigkeiten.

Bei uns im Keller...

Wer mit dreckigen Händen isst,
kann krank werden.

8

Wer schon allein mit dem Essen anfängt, macht sich unbeliebt.

9

Wer mit vollem Mund redet, wird nicht verstanden.

10

Gestern habe ich...

Wer laut schmatzt,
stört die anderen.

Wer mit den Fingern isst,
bekommt fettige und klebrige Hände.

**Wer sein Messer ableckt,
kann sich in die Zunge schneiden.**

13

Wer rülpst und pupst,
vergrault alle Freunde.

WC

Wer ohne Hand vor dem Mund hustet,
steckt die anderen an.

15

Wer älteren Leuten keinen Platz anbietet, ist gar nicht nett.

Wer nicht mithilft,
darf auch nicht mitmachen.

17

Wer andere auslacht,
kann selbst ausgelacht werden.

Wer sein Missgeschick nicht beseitigt, kann sich später selbst schaden.

Wer in seiner Wut den anderen beleidigt, macht alles noch viel schlimmer.

Katzenmist
und
Hundedreck !!!

Wer zu seinem Fehler nicht steht, ist feige.

21

**Wer drängelt,
ist auch nicht schneller dran.**

22

**Wer seinen Müll achtlos wegwirft,
schadet der Umwelt.**

23

Wer seine Sachen nicht pfleglich behandelt,
hat bald nur noch kaputtes Spielzeug.

Wer sein Zimmer nicht aufräumt, muss lange suchen.

25

Alles verstanden?

Na, dann legt mal los...

Liebe Erzieherinnen, liebe Eltern,

gutes Benehmen ist mehr als ein Modethema, es ist für unseren Alltag wichtig! Nachdem es lange so schien, als seien andere Verhaltensweisen wie Durchsetzungsvermögen oder Selbstbewusstsein entscheidend, zeigt sich zunehmend, dass unser gesellschaftliches Miteinander ohne gutes Benehmen letztlich Schaden nimmt, Rücksichtslosigkeit und Gleichgültigkeit den ohnehin oft schon anstrengenden Alltag noch mühsamer machen. Dabei hat gutes Benehmen mit Moral und hohen Ansprüchen erst einmal wenig zu tun. Es geht nicht darum, dass wir alle Mitmenschen in unserer Umgebung mögen oder gar lieben und ihnen mit warmherziger Freundlichkeit begegnen sollen.

Die Glaubwürdigkeit eines demokratischen und toleranten Umgangs zeigt sich jedoch darin, dass wir auch denjenigen mit Respekt begegnen, die uns wenig oder gar nicht sympathisch sind. Gutes Benehmen ist so der soziale „Schmierstoff", der unseren Alltag leichter macht, nicht zuletzt aber auch das Erreichen eigener Ziele erleichtern kann.

Kinder, Katzen, letztlich alle Lebewesen mit einem gewissen Reflexionsvermögen werden sich auf bestimmte Regeln nur einlassen, wenn sie auch selbst davon profitieren bzw. vor Nachteilen bewahrt werden. Selbst moralisch hoch stehendes Verhalten wie uneigennützige Hilfeleistungen für andere Menschen in Notsituationen wird nicht zuletzt davon motiviert, dass jeder von uns in vergleichbaren Fällen auf ähnlichen Beistand hofft.

Was kann nun dieses Benimm-Bilderheft leisten? Wichtige Situationen aus dem kindlichen Alltag thematisieren auf anschauliche Weise, warum schlechtes Benehmen für alle, auch für den Verursacher, nachteilig sein kann, und wie gutes Benehmen den Alltag leichter macht. Konkret sieht das so aus:

Nachdem sich Kater Knigge den Kindern auf der ersten Seite im Heft kurz vorstellt, wird auf den nachfolgenden Doppelseiten jeweils links dargestellt, wie es Kater Knigge mit seinem schlechten Benehmen sich und anderen schwer macht. Diese Beispiele sind auf einen orange-farbenen Hintergrund gesetzt und sollen wie bei einer roten Ampel deutlich machen – Stopp, so bitte nicht!

Auf den Doppelseiten rechts werden dann die wünschenswerten Umgangsformen gezeigt – Freie Fahrt für gutes Benehmen!

Andere grüßen

Anklopfen, bevor man ein fremdes Zimmer betritt

„Bitte“ sagen, wenn man etwas haben möchte

„Danke“ sagen, wenn man etwas bekommen hat

„Wie bitte?“ sagen, wenn man etwas nicht verstanden hat

Andere ausreden lassen, bevor man selbst etwas sagt

Anderen zuhören, wenn sie etwas erzählen

Hände waschen, bevor man etwas isst

Erst mit dem Essen anfangen, wenn alle soweit sind

Erst kauen und schlucken, dann reden

Mit geschlossenem Mund kauen

Wenn möglich, Besteck benutzen

Das benutzte Messer nicht abgeleckt auf dem Teller liegen lassen

Sich für (unfreiwillige) Körpergeräusche entschuldigen

Sich beim Husten die Hand vor den Mund halten

Älteren Leuten einen Platz anbieten

Anderen helfen

Andere nicht auslachen, Anderssein akzeptieren

Die Folgen eines Miss-
geschick beseitigen

Seine Wut so ausdrücken, dass andere nicht beleidigt werden

Sich entschuldigen, wenn man jemand anderem weh getan hat

Auch, wenn viel los ist - nicht drängeln und warten, bis man dran ist

Müll entsorgen

Sachen pfleglich behandeln

Ordnung halten

Ein Wort zu Kater Knigge: Warum haben wir einen Kater als Handlungsträger gewählt? Katzen lassen sich mit ihrem Eigensinn und ihrer ganz eigenen Würde nicht dressieren. Da braucht es viel Einfühlungsvermögen und ein gutes Gefühl für Nähe und Distanz, um mit ihnen zu einem gedeihlichen Miteinander zu kommen. Und so sind Katzen ein sehr brauchbares Beispiel, um Kindern gutes Benehmen nahe zu bringen. Auch Kinder sollte man nicht versuchen zu dressieren – sondern vielmehr zur Auseinandersetzung anregen. Kinder sollten den Sinn der Regeln verstehen, an die sich alle halten sollen.

Die Texte sind bewusst sprachlich einfach und knapp gehalten, damit sich auch jüngere Kinder die zentralen Botschaften einprägen können. Durch die humorvollen Illustrationen mit Kater Knigge haben die Kinder ein Anschauungsobjekt, das gutes Benehmen ganz unaufdringlich plausibel macht.

Im Verbund mit dem Methodenbuch für den Umgang in Kita und Kindergarten legen wir Ihnen eine Konzeption vor, die es jeder Einrichtung ermöglicht, ihren eigenen Regelkanon für sich vor Ort zu finden – und immer wieder damit umzugehen, daran zu feilen, so dass das alltägliche Miteinander in einem lebendigen Prozess miteinander rücksichtsvoll und in gegenseitiger Achtung gestaltet wird.

Axel Wolber